Impressum
Verlag: BABADADA GmbH, Nedderfeld 112 , 22529 Hamburg
Geschäftsführer / Verlagsleitung: Harald Hof
Druck: Books on Demand GmbH, In de Tarpen 42, 22848 Norderstedt

Imprint
Publisher: BABADADA GmbH, Nedderfeld 112 , 22529 Hamburg, Germany
Managing Director / Publishing direction: Harald Hof
Print: Books on Demand GmbH, In de Tarpen 42, 22848 Norderstedt, Germany

ysgol
სკოლა

ystafell ddosbarth
საკლასო ოთახი
rhannu
გაყოფა
186/2
bwrdd
დაფა
სკოლის ეზო
athro
მასწავლებელი
papur
ქაღალდი
ysgrifennu
წერა
pen
კალამი
desg
მაგიდა
pren mesur
სახაზავი
llyfr
წიგნი
disgybl
მოსწავლე

bag ysgol

ზურგჩანთა

blwch penseli

პენალი

pensil

ფანქარი

peth rhoi min ar bensil

ფანქრების სათლელი

rwber

საშლელი

pad arlunio

ნახატების ალბომი

llun

ნახატი

brws paent

ფუნჯი

blwch paent

საღებავის ყუთი

siswrn

მაკრატელი

glud

წებო

llyfr ysgrifennu

სავარჯიშო რვეული

gwaith cartref

საშინაო დავალება

12

rhif

ნომერი

2+2

ychwanegu

დამატება

5-2

tynnu

გამოკლება

2×2

lluosi

გამრავლება

cyfrifo

გამოთვლა

A

llythyren

წერილი

ABCDEFG
HIJKLMN
OPQRSTU
VWXYZ

gwyddor

ანბანი

hello

gair

სიტყვა

testun

ტექსტი

darllen

წაკითხვა

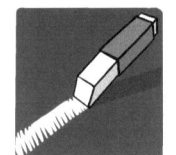

sialc

ცარცი

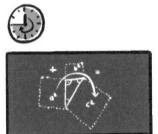

gwers

გაკვეთილი

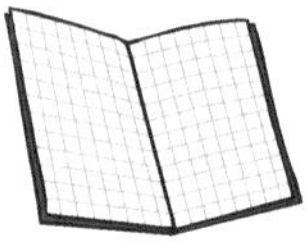

cofrestr

რეგისტრაცია

arholiad

გამოცდა

tystysgrif

სერტიფიკატი

gwisg ysgol

სკოლის ფორმა

addysg

განათლება

gwyddoniadur

ენციკლოპედია

prifysgol

უნივერსიტეტი

microsgop

მიკროსკოპი

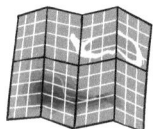

map

რუქა

basged papur gwastraff

კალათა ნარჩენი ქაღალდებისათვის

teithio
მოგზაურობა

gwesty
სასტუმრო
Grand
hostel
ჰოსტელი
ROOMS
swyddfa gyfnewid
ვალუტის გადაცვლის პუნქტი
cês dillad
ჩემოდანი
car
მანქანა

iaith

ენა

ie / na

კი / არა

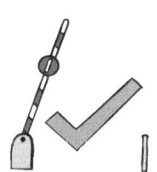

iawn

კარგი

helo

გამარჯობა

cyfieithydd

მთარგმნელი

Diolch yn fawr

გმადლობთ

faint yw ...?
....
რა ღირს... ?

Dw i ddim yn deall
....
ვერ გავიგე

problem
....
პრობლემა

Noswaith dda!
....
აღამო მშვიდობისა!

Bore da!
....
დილა მშვიდობისა!

Nos da!
....
ღამე მშვიდობისა!

hwyl
....
ნახვამდის

cyfarwyddyd
....
მიმართულება

bagiau
....
ბარგი

bag
....
ჩანთა

gwarbac
....
ზურგჩანთა

gwestai
....
სტუმარი

ystafell
....
ოთახი

sach gysgu
....
საძილე ტომარა

pabell
....
კარავი

gwybodaeth i ymwelwyr

ტურისტული ინფორმაცია

traeth

სანაპირო

cerdyn credyd

საკრედიტო ბარათი

brecwast

საუზმე

cinio

ლანჩი

swper

ვახშამი

tocyn

ბილეთი

lifft

ლიფტი

stamp

საფოსტო მარკა

ffin

საზღვარი

tollau

საბაჟო

llysgenhadaeth

საელჩო

fisa

ვიზა

pasbort

პასპორტი

cludiant
ტრანსპორტი

awyren
თვითმფრინავი
llong
გემი
injan dân
სახანძრო მანქანა
bws
ავტობუსი
lori
სატვირთო მანქანა
cwch modur
მოტორიზებული ნავი
beic
ველოსიპედი
car
მანქანა

fferi

ბორანი

cwch

ნავი

beic modur

მოტოციკლი

car yr heddlu

პოლიციის მანქანა

car rasio

სარბოლო მანქანა

car wedi'i rentu

დაქირავებული მანქანა

rhannu car

მანქანის ერთობლივი მოხმარება

lori tynnu

საბუქსირე მანქანა

lori ysbwriel

ნაგვის მანქანა

modur

ძრავა

tanwydd

საწვავი

gorsaf betrol

ბენზინგასამართი სადგური

arwydd traffig

საგზაო ნიშანი

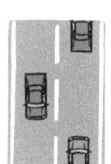

traffig

მოძრაობა

tagfa draffig

საცობი

maes parcio

მანქანის სადგომი

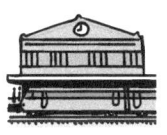

gorsaf drennau

მატარებლის სადგური

traciau

ლიანდაგები

trên

მატარებელი

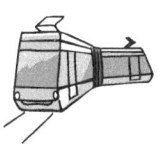

tram

ტრამვაი

wagen

ვაგონი

hofrennydd

ვერტმფრენი

maes awyr

აეროპორტი

tŵr

კოშკი

teithiwr

მგზავრი

cynhwysydd

კონტეინერი

paced

მუყაოს ყუთი

cert

ურიკა

basged

კალათა

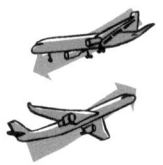

esgyn / glanio

აფრენა / დაშვება

dinas

ქალაქი

pentref

სოფელი

canol y ddinas

ქალაქის ცენტრი

tŷ

სახლი

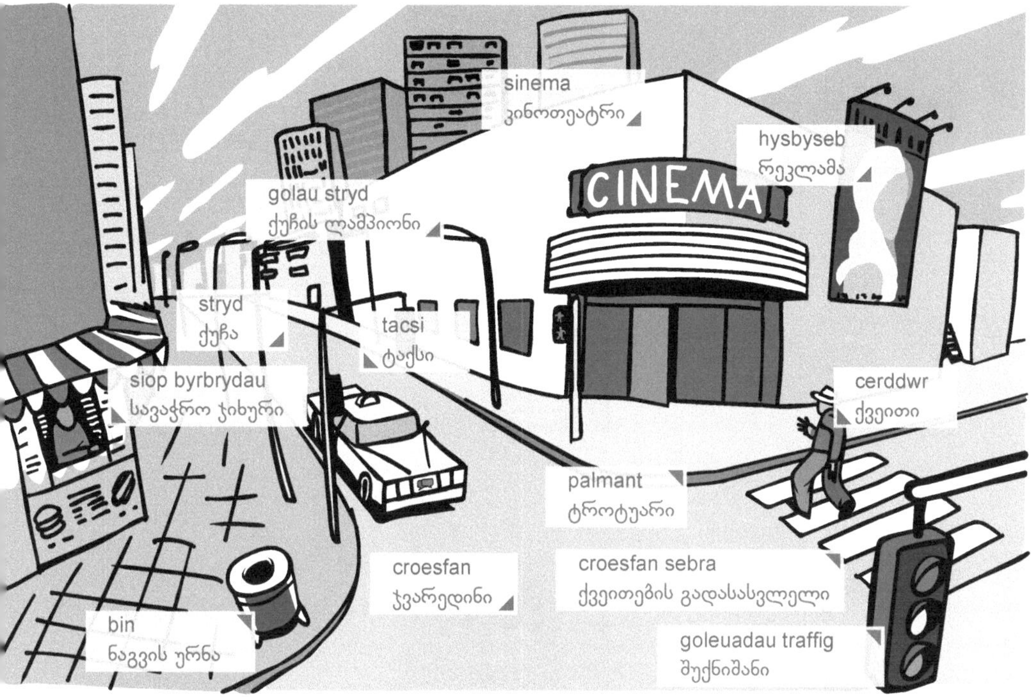

sinema
კინოთეატრი

hysbyseb
რეკლამა

golau stryd
ქუჩის ლამპიონი

stryd
ქუჩა

tacsi
ტაქსი

cerddwr
ქვეითი

siop byrbrydau
სავაჭრო ჯიხური

palmant
ტროტუარი

croesfan
ჯვარედინი

croesfan sebra
ქვეითების გადასასვლელი

bin
ნაგვის ურნა

goleuadau traffig
შუქნიშანი

CINEMA

cwt
ქოხი

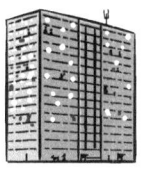

fflat
ბინა

gorsaf drennau
მატარებლის სადგური

neuadd y dref
მუნიციპალიტეტი

amgueddfa
მუზეუმი

ysgol
სკოლა

prifysgol

უნივერსიტეტი

banc

ბანკი

ysbyty

საავადმყოფო

gwesty

სასტუმრო

fferyllfa

აფთიაქი

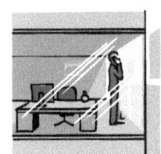

swyddfa

ოფისი

siop lyfrau

წიგნების მაღაზია

siop

მაღაზია

siop flodau

ფლორისტი

archfarchnad

სუპერმარკეტი

farchnad

ბაზარი

siop adrannol

მაღაზიის განყოფილება

siop bysgod

თევზის გამყიდველი

canolfan siopa

სავაჭრო ცენტრი

harbwr

ნავსადგომი

parc

პარკი

banc

გრძელი სკამი

pont

ხიდი

grisiau

კიბეები

rheilffordd danddaearol

მიწისქვეშა გადასასვლელი

twnnel

გვირაბი

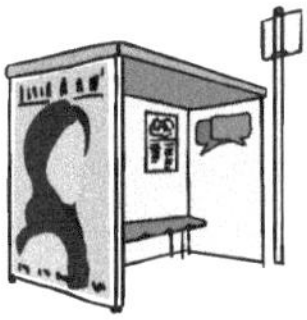

safle bws

ავტობუსის გაჩერება

bar

ბარი

bwyty

რესტორანი

blwch post

საფოსტო ყუთი

arwydd stryd

ქუჩის ნიშანი

mesurydd parcio

პარკინგის საზომი

sŵ

ზოოპარკი

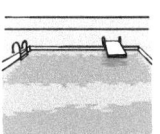

pwll nofio

საცურაო აუზი

mosg

მეჩეთი

dinas - ქალაქი

fferm

ფერმა

llygredd

გარემოს დაბინძურება

mynwent

სასაფლაო

eglwys

ეკლესია

maes chwarae

საბავშვო მოედანი

teml

ტაძარი

tirwedd

ლანდშაფტი

deilen
ფოთოლი
arwydd cyfeirio
გზის მანიშნებელი ნიშანი
ffordd
გზა
dôl
მდელო
carreg
ქვა
heiciwr
მოგზაური
coeden
ხე
afon
მდინარე
glaswellt
ბალახი
blodyn
ყვავილი

cwm

ხეობა

bryn

გორაკი

llyn

ტბა

coedwig

ტყე

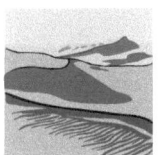

anialwch

უდაბნო

llosgfynydd

ვულკანი

castell

ციხე

enfys

ცისარტყელა

madarchen

სოკო

palmwydden

პალმა

mosgito

კოღო

pryf

ბუზი

morgrugyn

ჭიანჭველა

gwenyn

ფუტკარი

pryf copyn

ობობა

chwilen

ხოჭო

llyffant

ბაყაყი

gwiwer

ციყვი

draenog

ზღარბი

ysgyfarnog

კურდღელი

tylluan

ბუ

aderyn

ფრინველი

alarch

გედი

baedd

ტახი

carw

ირემი

elc

ცხენ-ირემი

argae

კაშხალი

tyrbin gwynt

ქარის ტურბინა

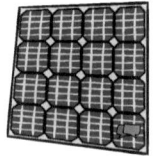

panel haul

მზის ბატარეა

hinsawdd

კლიმატი

bwyty
რესტორანი

gweinydd
მიმტანი
bwydlen
მენიუ
cadair
სკამი
cawl
სუპი
pitsa
პიცა
cyllyll a ffyrc
დანა-ჩანგალი
lliain bwrdd
მაგიდაზე გადასაფარებელი

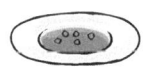

cwrs cyntaf
....
საუზმე

prif gwrs
....
მთავარი კერძი

pwdin
....
დესერტი

diodydd
....
დასალევი

bwyd
....
საჭმელი

potel
....
ბოთლი

bwyd cyflym

სწრაფი კვება

bwyd y stryd

ქუჩის საჭმელი

tebot

ჩაიდანი

powlen siwgr

საშაქრე

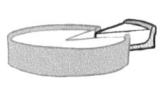

dogn

პორცია

peiriant espresso

ესპრესოს მანქანა

cadair plentyn

მაღალი სკამი

bil

ანგარიში

hambwrdd

ლანგარი

cyllell

დანა

fforc

ჩანგალი

llwy

კოვზი

llwy de

ჩაის კოვზი

napcyn

ხელსახოცი

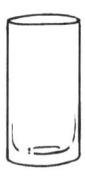

gwydr

ჭიქა

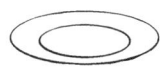

plât

თეფში

plât cawl

სუპის თეფში

soser

ჩაის ლამბაქი

saws

საწებელი

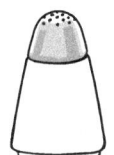

pot halen

სამარილე

melin bupur

წიწაკის საფქვავი

finegr

ძმარი

olew

ზეთი

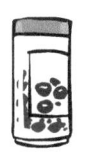

sbeisys

სანელებლები

saws coch

კეტჩუპი

mwstard

მდოგვი

mayonnaise

მაიონეზი

archfarchnad

სუპერმარკეტი

cynnig arbennig
სპეციალური შეთავაზება
cwsmer
მომხმარებელი
cynnyrch llaeth
რძის ნაწარმი
troli
ურიკა
ffrwythau
ხილი

siop gig

საყასბო

siop fara

საცხობი

pwyso

აწონვა

llysiau

ბოსტნეული

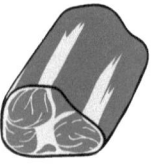

cig

ხორცი

Bwyd wedi'i rewi

გაყინული საკვები

cig oer

გრილი ხორცი

bwyd tun

კონსერვები

powdr golchi

სარეცხი ფხვნილი

da-da

ტკბილეული

cynnyrch cartref

საყოფაცხოვრებო
პროდუქტები

cynhyrchion glanhau

სარეცხი საშუალებები

gwerthwraig

გამყიდველი

til

სალარო

ariannwr

მოლარე

rhestr siopa

საყიდლების სია

oriau agor

მუშაობის საათები

waled

პორტმანი

cerdyn credyd

საკრედიტო ბარათი

bag

ჩანთა

bag plastig

პლასტიკური პარკი

diodydd

დასალევი

dŵr

წყალი

sudd

წვენი

llefrith

რძე

côc

კოკა-კოლა

gwin

ღვინო

cwrw

ლუდი

alcohol

ალკოჰოლი

coco

კაკაო

te

ჩაი

coffi

ყავა

espresso

ესპრესო

cappuccino

კაპუჩინო

ffrwchledd

ბანანი

afal

ვაშლი

oren

ფორთოხალი

melon

საზამთრო

lemwn

ლიმონი

moronen

სტაფილო

garlleg

ნიორი

bambŵ

ბამბუკი

nionyn

ხახვი

madarchen

სოკო

cnau

კაკალი

nwdls

ატრია

sbageti

სპაგეტი

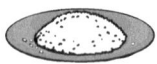

reis

ბრინჯი

salad

სალათი

sglodion

ჩიპსები

tatws wedi'u ffrïo

შემწვარი კარტოფილი

pitsa

პიცა

hambyrger

ჰამბურგერი

brechdan

სენდვიჩი

cytled

კოტლეტი

ham

ლორი

salami

სალიამი

selsig

ძეხვი

cyw iâr

წიწილა

rhost

შემწვარი ხორცი

pysgodyn

თევზი

ceirch uwd

შვრიის ფაფა

miwsli

მუსლი

creision ŷd

სიმინდის ფანტელები

blawd

ფქვილი

croissant

კრუასანი

bynsen

ბულკი

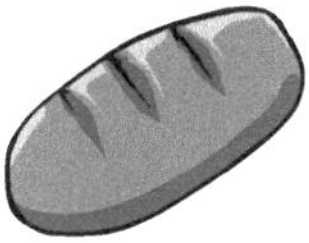

bara

პური

tost

ტოსტი

bisgedi

ნამცხვრები

menyn

კარაქი

ceuled

ხაჭო

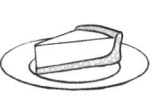

teisen

ტორტი

wy

კვერცხი

wy wedi'i ffrïo

ერბო-კვერცხი

caws

ყველი

hufen iâ

ნაყინი

siwgr

შაქარი

mêl

თაფლი

jam

ჯემი

siocled taenu

შოკოლადის კრემი

cyri

კარი

ffermdy
სოფლის სახლი
ysgubor
თავლა
bwrn gwellt
ჩალის შეკვრა
maes
ყანა
ceffyl
ცხენი
ôl-gerbyd
მისაბმელი
tractor
ტრაქტორი
ebol
კვიცი
asyn
ვირი
dafad
ცხვარი
oen
ცხვარი

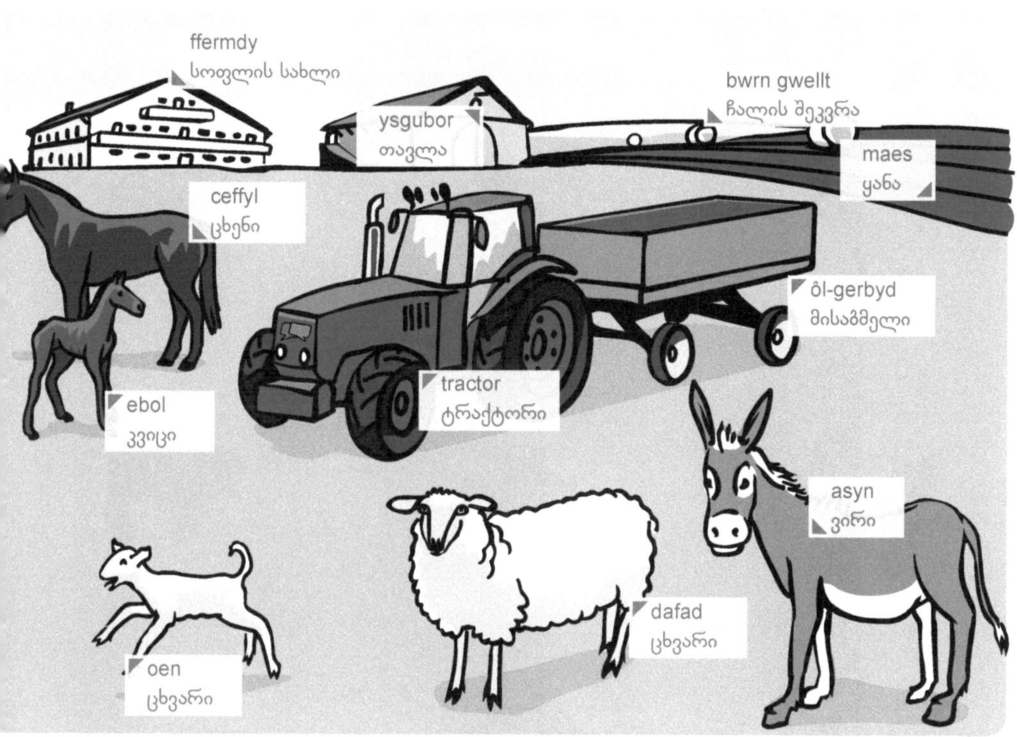

gafr

თხა

buwch

ძროხა

llo

ხბო

mochyn

ღორი

porchell

გოჭი

tarw

ხარი

gwydd

ბატი

hwyaden

იხვი

cyw

წიწილა

iâr

ქათამი

ceiliog

მამალი

llygoden fawr

ვირთხა

cath

კატა

llygoden

თაგვი

ych

ხარი

ci

ძაღლი

cwt ci

საძაღლე

pibell ddŵr

ბაღის შლანგი

can dŵr

საბაღე წურწურა

pladur

ცელი

aradr

გუთანი

cryman

ნამგალი

fforch chwynu

თოხი

picwarch

პატივის სახვეტი ჩანგალი

bwyell

ცული

berfa

მაზიდი

cafn

გობი

tun llefrith

რძის ბიდონი

sach

ტომარა

ffens

ღობე

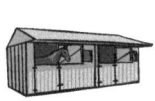

stabl

ბოსელი

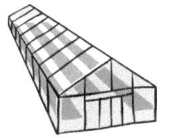

tŷ gwydr

სათბური

pridd

ნიადაგი

hedyn

თესლი

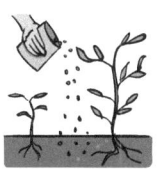

gwrtaith

სასუქი

dyrnwr medi

მოსავლის ამღები კომბაინი

cynaeafu

მოსავლის აღება

cynhaeaf

მოსავალი

iamau

იამი

gwenith

ხორბალი

soi

სოიო

tysen

კარტოფილი

grawn

სიმინდი

had rêp

სარეველას თესლი

coeden ffrwythau

ხეხილი

manioc

მანიოკი

grawnfwydydd

მარცვლეული

tŷ
სახლი

simnai
ბუხარი
to
სახურავი
peipen law
წყალსადინარი მილი
ffenestr
ფანჯარა
garej
ავტოფარეხი
cloch y drws
კარის ზარი
drws
კარი
bin sbwriel
ნაგვის ყუთი
blwch post
საფოსტო ყუთი
gardd
ბაღი

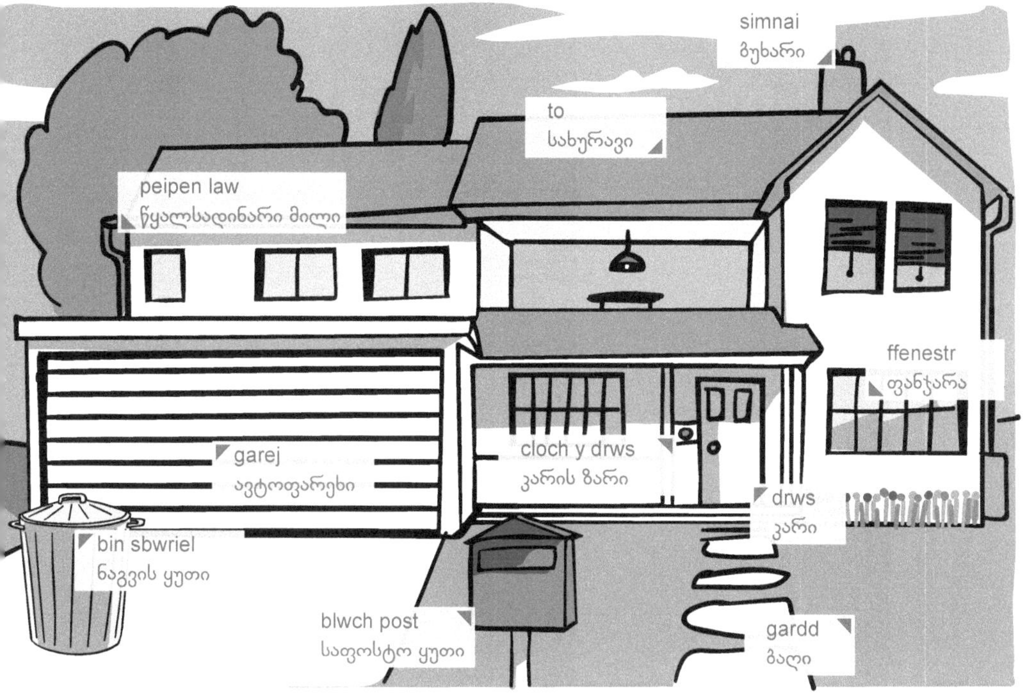

lolfa

მისაღები ოთახი

ystafell ymolchi

აბაზანა

cegin

სამზარეულო

ystafell wely

საძინებელი

ystafell plentyn

საბავშვო ოთახი

ystafell fwyta

სასადილო ოთახი

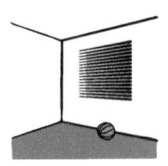

llawr

სართული

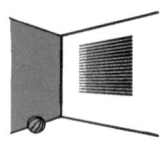

wal

კედელი

nenfwd

ჭერი

seler

სარდაფი

sawna

საუნა

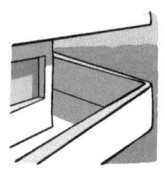

balconi

აივანი

teras

ტერასა

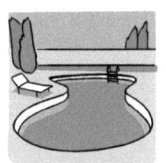

pwll

აუზი

peiriant torri gwair

გაზონის საკრეჭი

taflen

საბნის კონვერტი

gorchudd gwely

საწოლი

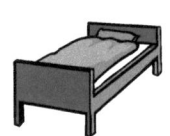

gwely

ლოგინი

ysgub

ცოცხი

bwced

სათლი

swits

გადამრთველი

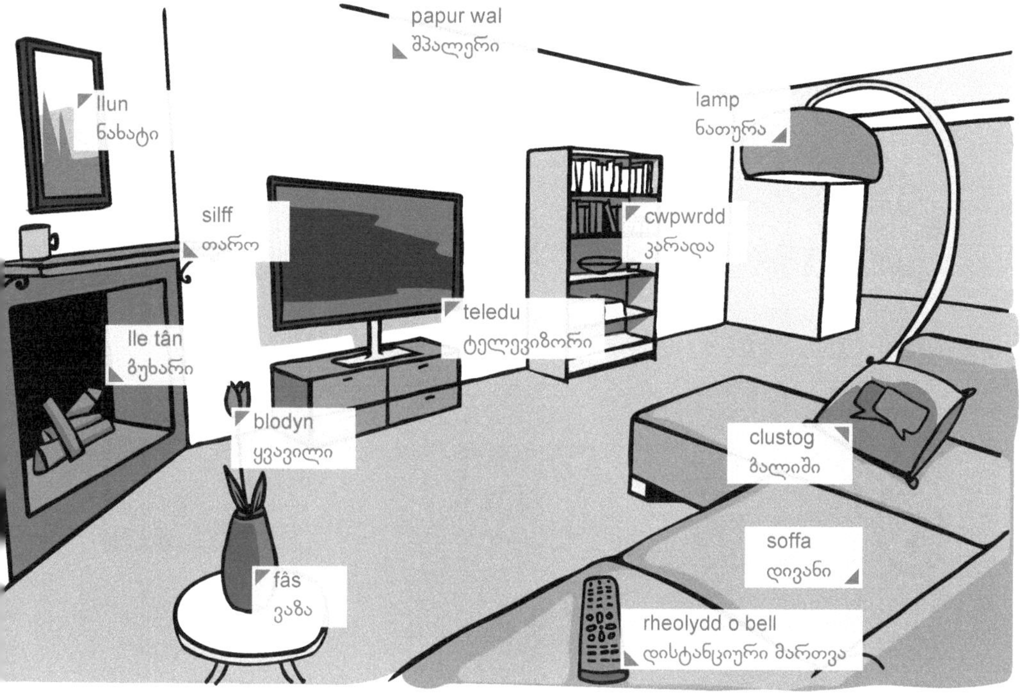

papur wal
შპალერი

llun
ნახატი

lamp
ნათურა

silff
თარო

cwpwrdd
კარადა

lle tân
ბუხარი

teledu
ტელევიზორი

blodyn
ყვავილი

clustog
ბალიში

soffa
დივანი

fâs
ვაზა

rheolydd o bell
დისტანციური მართვა

carped
ხალიჩა

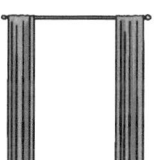

llen
ფარდა

bwrdd
მაგიდა

cadair
სკამი

cadair siglo
სარწეველა სკამი

cadair freichiau
სავარძელი

llyfr

წიგნი

blanced

საბანი

addurn

დეკორაცია

coed tân

შეშა

ffilm

ფილმი

hi-fi

hi-fi მოწყობილობები

agoriad

გასაღები

papur newydd

გაზეთი

darlun

ფერწერა

poster

პლაკატი

radio

რადიო

llyfr nodiadau

ბლოკნოტი

hwfer

მტვერსასრუტი

cactws

კაქტუსი

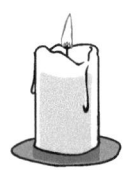

cannwyll

სანთელი

cegin
სამზარეული

oergell
მაცივარი
popty micro-don
მიკრო-ტალღური
ღუმელი
clorian gegin
სამზარეულოს სასწორი
tostiwr
ტოსტერი
gwlybwr
სარეცხი საშუალება
popty
ღუმელი
rhewgist
საყინულე
bin sbwriel
ნაგვის ყუთი
peiriant golchi llestri
ჭურჭლის სარეცხი მანქანა

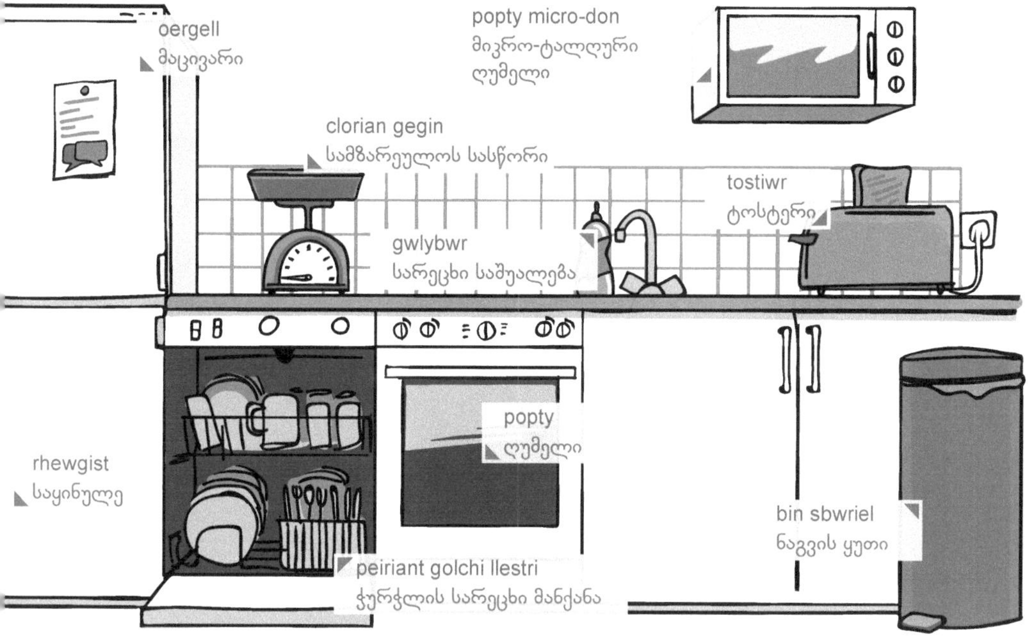

popty
....
გაზქურა

pot
....
ქოთანი

pot haearn bwrw
....
თუჯის ქვაბი

wok / kadai
....
ტაფა ამობერილი ფსკერით

padell
....
ტაფა

tegell
....
ჩაიდანი

cegin - სამზარეულო 35

sosban stemio

ორთქლსახარში

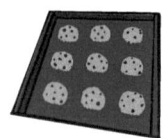

hambwrdd pobi

საცხობი ლანგარი

llestri

ჭურჭელი

mwg

კათხა

powlen

თასი

gweill bwyta

ჩინური ჩხირები

lletwad

ჩამჩა

ysbodol

ფითხი

chwisg

სათქვეფელა

hidlydd

საწური

gogr

საცერი

gratiwr

სახეხი

morter

სანაყი

barbeciw

გრილი

tân agored

კოცონი

bwrdd torri cig

დაფა

rholbren

საგორავი

tynnwr corcyn

ბურღი

tun

ქილა

peth agor tuniau

ქილის გასახსნელი

clwt pot

ქოთნის დამჭერი

sinc

ნიჟარა

brws

ფუნჯი

sbwng

ღრუბელი

peiriant cymysgu

ბლენდერი

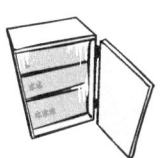

rhewgell

საყინულე კამერა

potel babi

საბავშვო ბოთლი

tap

ონკანი

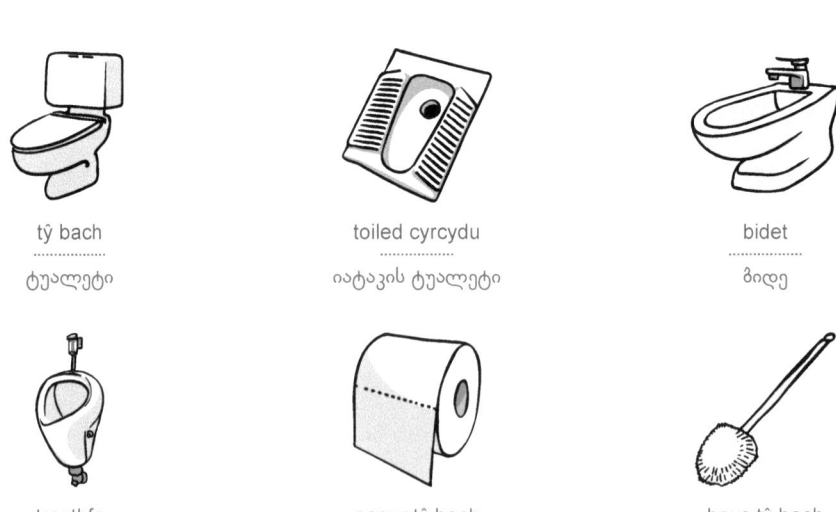

ystafell ymolchi
აბაზანა

gwres
გათბობა
tywel
პირსახოცი
cawod
შხაპი
llen gawod
საშხაპე ფარდა
baddon ewyn
ღრუბლიანი აბანო
baddon
ვანა
gwydr
ჭიქა
peiriant golchi
სარეცხი მანქანა
tap
ონკანი
teils
ფილები
potyn
ღამის ქოთანი
sinc
ნიჟარა

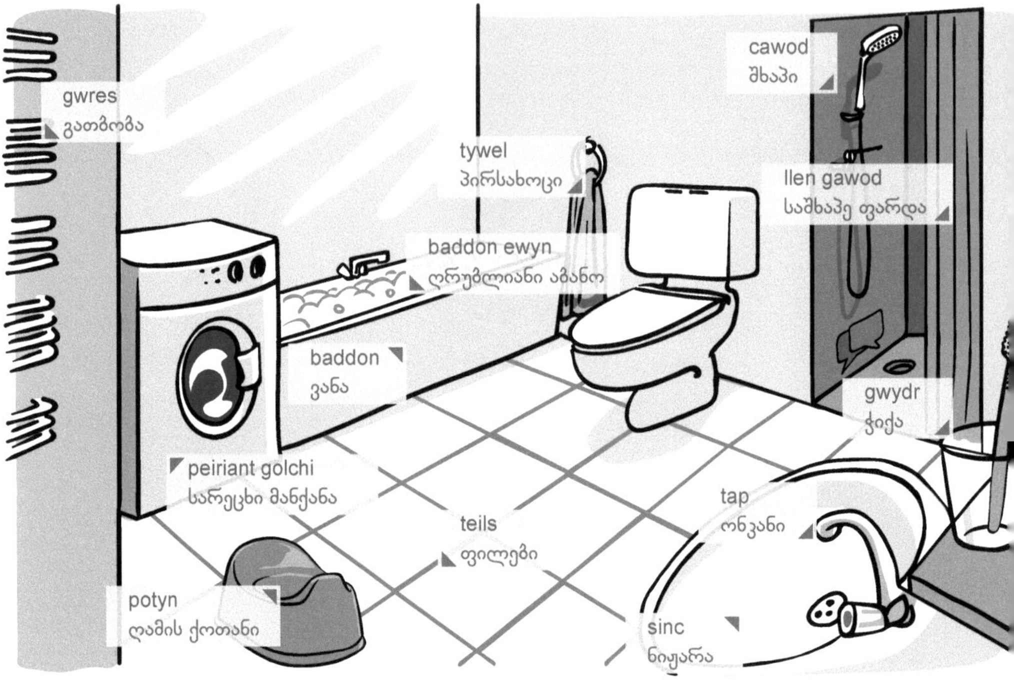

tŷ bach

ტუალეტი

toiled cyrcydu

იატაკის ტუალეტი

bidet

ბიდე

troethfa

კედლის პისუარი

papur tŷ bach

ტუალეტის ქაღალდი

brws tŷ bach

ტუალეტის ჯაგრისი

brws dannedd

კბილის ჯაგრისი

past dannedd

კბილის პასტა

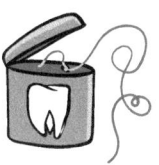

edau ddannedd

კბილის ძაფი

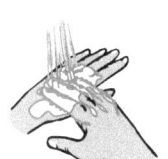

golchi

რეცხვა

cawod llaw

ხელის შხაპი

golchfa

ინტიმური შხაპი

basn

ტაშტი

brws-ôl

ზურგის სახეხი ფუნჯი

sebon

საპონი

gel cawod

შხაპის გელი

siampŵ

შამპუნი

gwlanen

ნეჭა

ffos

სანიაღვრე

hufen

კრემი

diaroglydd

დეოდორანტი

drych

სარკე

drych llaw

ხელის სარკე

rasel

ბრიტვა

ewyn eillio

საპარსი ქაფი

sent eillio

საშუალება გაპარსვის შემდეგ

crib

სავარცხელი

brws

ჯაგრისი

sychwr gwallt

თმის საშრობი

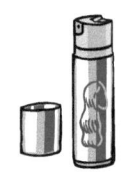

chwistrell gwallt

თმის ლაქი

colur

კოსმეტიკა

minlliw

ტუჩების პომადა

farnais ewinedd

ფრჩხილის ლაქი

gwlân cotwm

ბამბა

siswrn ewinedd

ფრჩხილის მაკრატელი

persawr

სუნამო

bag ymolchi

....

კოსმეტიკის ჩანთა

stôl

....

ტაბურეტი

clorian

....

სასწორი

gŵn baddon

....

სააბაზანო ხალათი

menig rwber

....

რეზინის ხელთათმანები

tampon

....

ტამპონი

tywel misglwyf

....

სანიტარული პირსახოცი

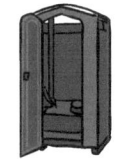

toiled cemegol

....

ბიო-ტუალეტი

ystafell plentyn
საბავშვო ოთახი

cloc larwm
მაღვიძარა
tegan anwes
რბილი სათამაშო
car tegan
სათამაშო მანქანა
cleciwr
ჩხარუნა სათამაშო
tŷ dol
თოჯინების სახლი
anrheg
საჩუქარი

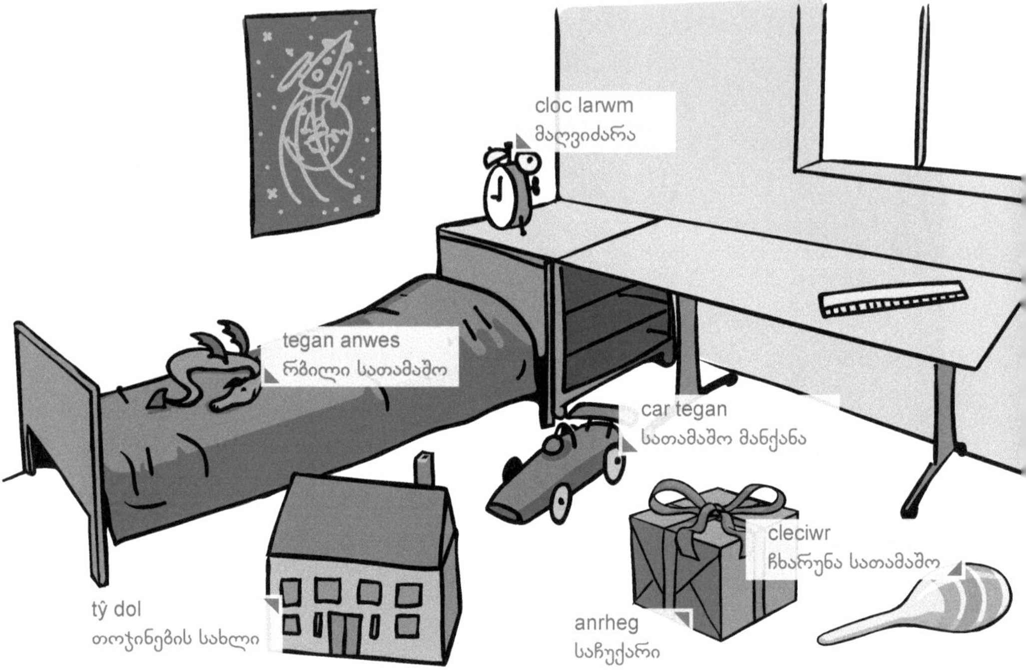

balŵn

ბუშტი

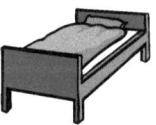

gwely

ლოგინი

pram

საბავშვო ეტლი

pecyn o gardiau

კარტის თამაში

jig-so

პაზლი

comic

კომიკსი

brics Lego

ლეგოს აგურები

blociau adeiladu

ასაშენებელი კუბიკები

ffigur gweithredu

სათამაშო ფიგურა

babygro

საცოცავი

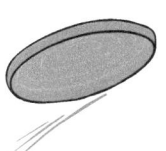

ffrisbi

ფრისბი

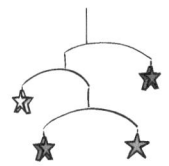

ffôn symudol

მობილე

gêm fwrdd

სამაგიდო თამაში

deis

კამათელი

set model trên

რკინიგზის მოდელი

teth lwgu

საწოვარა

parti

წვეულება

llyfr lluniau

წიგნი ნახატებით

pêl

ბურთი

dol

თოჯინა

chwarae

თამაში

pwll tywod

საქვიშარი

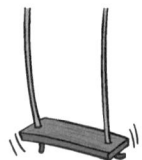

swing

საქანელა

teganau

სათამაშოები

consol gemau fideo

ვიდეო თამაშის კონსოლი

beic tair olwyn

სამთვლიანი ველოსიპედი

tedi

დათუნია

cwpwrdd dillad

გარდერობი

dillad

ტანსაცმელი

hosanau

წინდები

hosanau

ჩულქები

teits

კოლგოტები

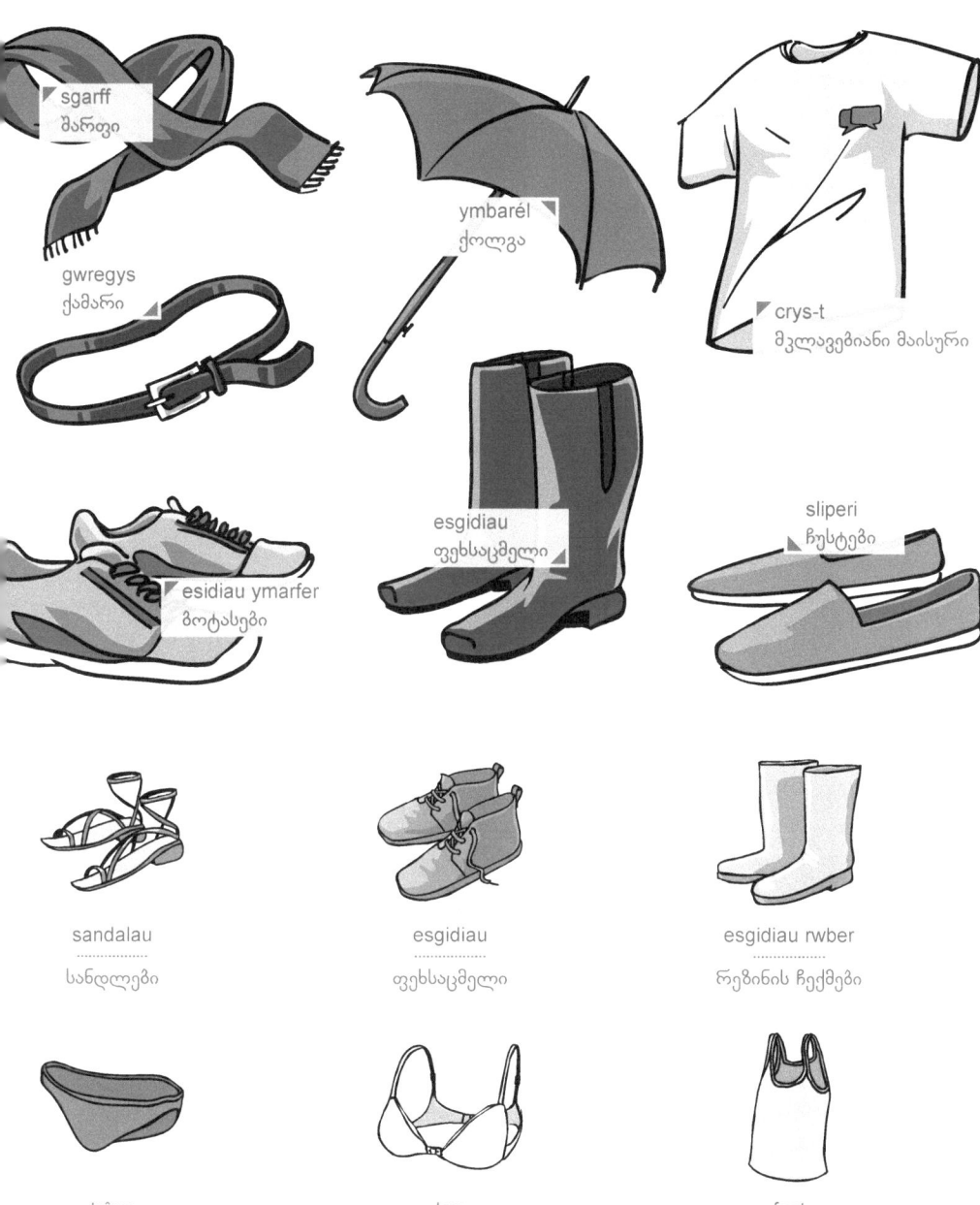

sgarff
შარფი
ymbarél
ქოლგა
crys-t
მკლავებიანი მაისური
gwregys
ქამარი
esgidiau
ფეხსაცმელი
sliperi
ჩუსტები
esidiau ymarfer
ბოტასები

sandalau

სანდლები

esgidiau

ფეხსაცმელი

esgidiau rwber

რეზინის ჩექმები

trôns

ტრუსები

bra

ბიუსჰალტერი

fest

მაისური

corff

სხეული

trowsus

შარვალი

jîns

ჯინსი

sgert

ქვედაკაბა

blows

ბლუზი

crys

პერანგი

pwlofer

სვიტრი

hwdi

კაპიუშონიანი ჟაკეტი

blaser

სპორტული ქურთუკი

siaced

ჟაკეტი

côt

პალტო

côt law

საწვიმარი

gwisg

კოსტუმი

gŵn

კაბა

gwisg briodas

საქორწილო კაბა

siwt

კაცის კოსტიუმი

gŵn nos

ღამის პერანგი

pyjamas

პიჟამოები

sari

სარი

sgarff pen

თავშალი

tyrban

ტურბანი

bwrca

ჩადრი

cafftan

ხიფთანი

abaya

აბაია

gwisg nofio

საცურაო კოსტუმი

trowsus nofio

ჩემოდნები

siorts

შორტები

tracwisg

სპორტული კოსტიუმი

ffedog

წინსაფარი

menig

ხელთათმანები

botwm

ღილი

sbectol

სათვალეები

breichled

სამაჯური

cadwyn

ყელსაბამი

modrwy

ბეჭედი

clustdlws

საყურე

cap

კეპი

cambren

საკიდი

het

ქუდი

tei

ჰალსტუხი

sip

ელვა-შესაკრავის შეკვრა

helmed

ჩაფხუტი

fframiau danedd

აჭიმი

gwisg ysgol

სკოლის ფორმა

gwisg

ფორმა

bib

ბავშვის წინსაფარი

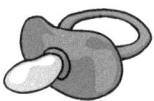

teth lwgu

საწოვარა

cewyn

პამპერსი

swyddfa

ოფისი

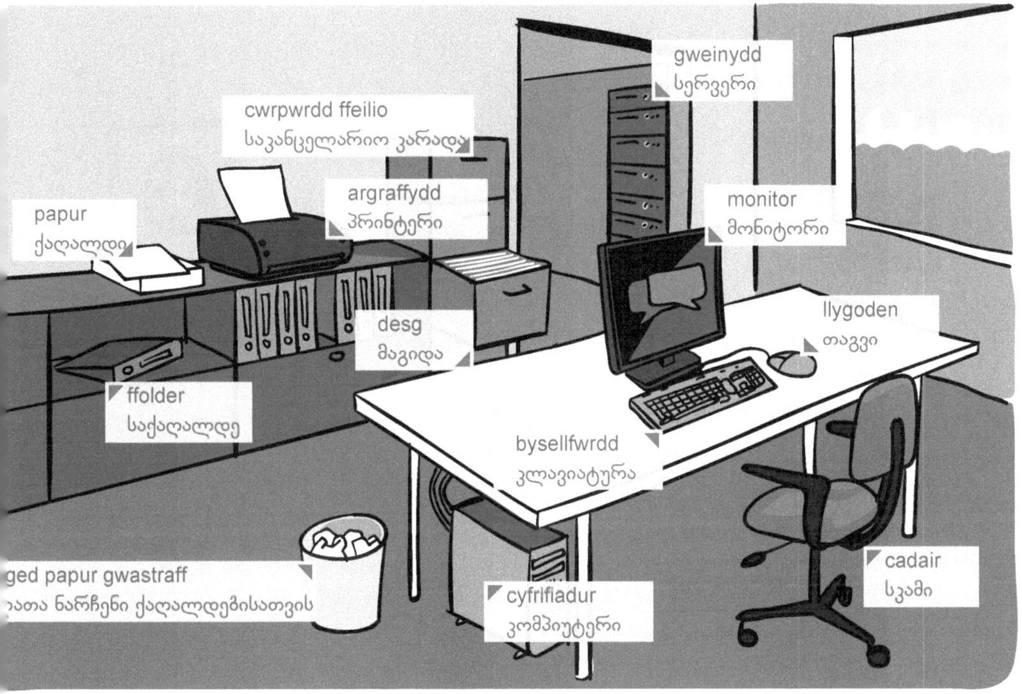

gweinydd
სერვერი

cwrpwrdd ffeilio
საკანცელარიო კარადა

argraffydd
პრინტერი

papur
ქაღალდი

monitor
მონიტორი

desg
მაგიდა

llygoden
თაგვი

ffolder
საქაღალდე

bysellfwrdd
კლავიატურა

ged papur gwastraff
აათა ნარჩენი ქაღალდებისათვის

cadair
სკამი

cyfrifiadur
კომპიუტერი

mwg coffi

ყავის ფინჯანი

cyfrifiannell

კალკულატორი

rhyngrwyd

ინტერნეტი

gliniadur

ლეპტოპი

llythyr

წერილი

neges

მესიჯი

ffôn symudol

მობილური ტელეფონი

rhwydwaith

ქსელი

llungopïwr

სკანერი

meddalwedd

პროგრამული უზრუნველყოფა

teleffon

ტელეფონი

soced plwg

როზეტი

peiriant ffacs

ფაქსის მანქანა

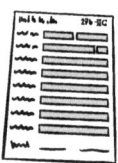

ffurflen

ფორმულარი

dogfen

დოკუმენტი

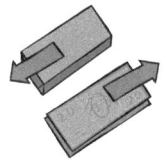

prynu

ყიდვა

talu

გადახდა

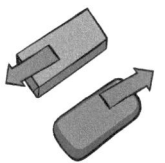

masnachu

ვაჭრობა

arian

ფული

doler

დოლარი

ewro

ევრო

yen

იენი

rwbl

რუბლი

ffranc y Swistir

შვეიცარული ფრანკი

yuan renminbi

ჟენმინბი იუანი

rwpi

რუპი

peiriant arian

ბანკომატი

swyddfa gyfnewid

ვალუტის გადაცვლის პუნქტი

aur

ოქრო

arian

ვერცხლი

olew

ნავთობი

ynni

ენერგია

pris

ფასი

contract

ხელშეკრულება

treth

გადასახადი

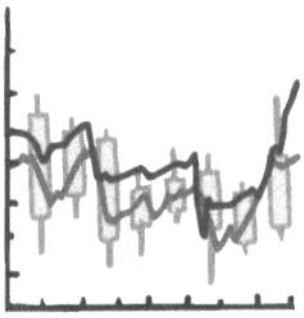

stoc

აქცია

gweithio

მუშაობა

cyflogai

თანამშრომელი

cyflogwr

დამსაქმებელი

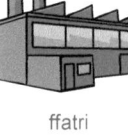

ffatri

ქარხანა

siop

მაღაზია

swyddi

swyddog heddlu
პოლიციის ოფიცერი
diffoddwr tân
მეხანძრე
cogydd
მზარეული
meddyg
ექიმი
peilot
მფრინავი

garddwr
....
მებაღე

saer
....
დურგალი

gwniadwraig
....
თეთრეულის მკერავი ქალბატონი

barnwr
....
მოსამართლე

fferyllydd
....
ქიმიკოსი

actor
....
მსახიობი

gyrrwr bws

ავტობუსის მძღოლი

gyrrwr tacsi

ტაქსის მძღოლი

pysgotwr

მეთევზე

glanhawraig

დამლაგებელი ქალბატონი

töwr

სახურავის ოსტატი

gweinydd

მიმტანი

heliwr

მონადირე

paentiwr

ფერმწერი

pobydd

მცხობელი

trydanwr

ელექტრიკოსი

adeiladwr

მშენებელი

peiriannydd

ინჟინერი

cigydd

ყასაბი

plymiwr

სანტექნიკოსი

dyn y post

ფოსტალიონი

milwr

ჯარისკაცი

pensaer

არქიტექტორი

ariannwr

მოლარე

gwerthwr blodau

ფლორისტი

triniwr gwallt

პარიკმახერი

archwiliwr tocynnau rheilffordd

კონდუქტორი

mecanydd

მექანიკოსი

capten

კაპიტანი

deintydd

სტომატოლოგი

gwyddonydd

მეცნიერი

rabi

რაბინი

imam

იმამი

mynach

ბერი

clerigwr

სასულიერო პირი

offer

იარაღები

gefail
ბრტყელტუჩა
morthwyl
ჩაქუჩი
tyrnsgriw
სახრახნისი
fflashlamp
ჯიბის სანათი
sbaner
ქანჩის გასაღები

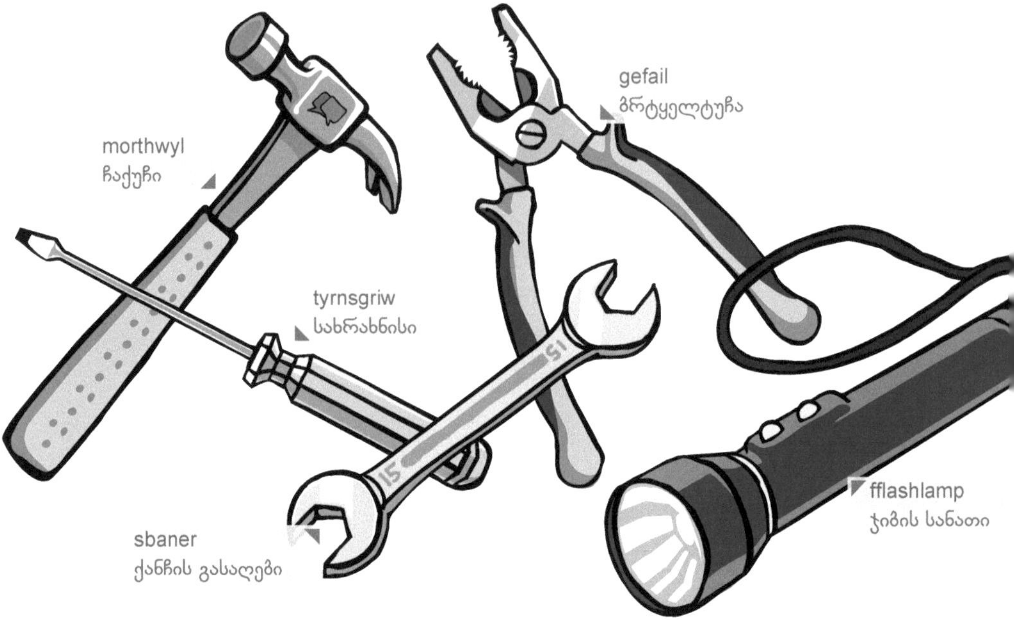

turiwr

ექსკავატორი

blwch offer

იარაღების ყუთი

ysgol

კიბე

llif

ხერხი

hoelion

ლურსმები

dril

საბურღი

trwsio

შეკეთება

rhaw

ნიჩაბი

Daria!

ანდაზა!

rhaw lwch

აქანდაზი

pot paent

საღებავის ქოთანი

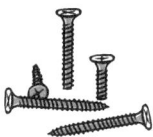

sgriwiau

ხრახნები

offerynnau cerdd

მუსიკალური ინსტრუმენტები

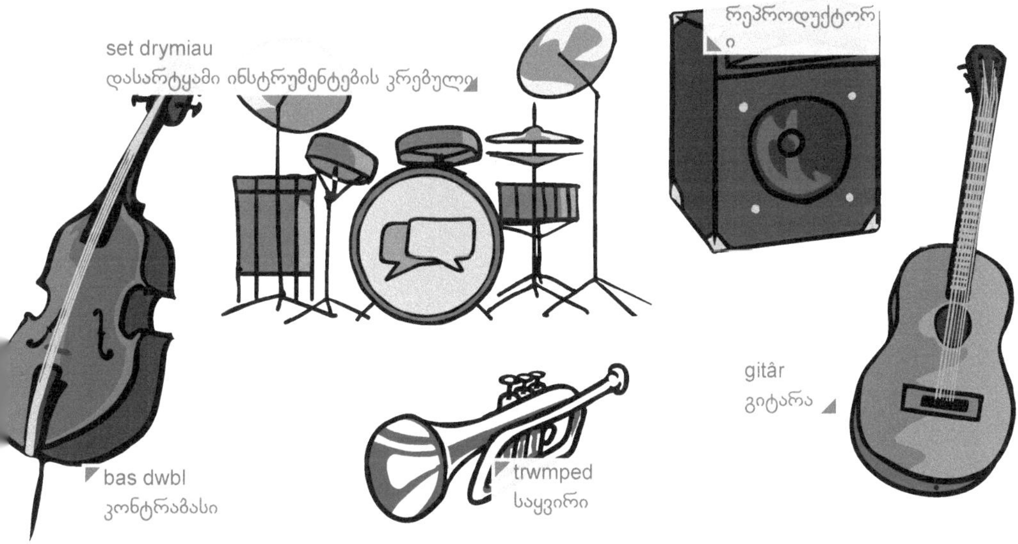

uchelseinydd
რეპროდუქტორ
ი
set drymiau
დასარტყამი ინსტრუმენტების კრებული
gitâr
გიტარა
bas dwbl
კონტრაბასი
trwmped
საყვირი

piano

ფორტეპიანო

ffidil

ვიოლინო

bas

ბასი

timpani

ტიმპანონი

drymiau

დასარტყამები

cyweirfwrdd

კლავიშები

sacsoffon

საქსოფონი

ffliwt

ფლეიტა

meicroffon

მიკროფონი

mynediad
შესასვლელი
teigr
ვეფხვი
cawell
გალია
sebra
ზებრა
bwyd anifeiliaid
ცხოველთა საკვები
panda
პანდა

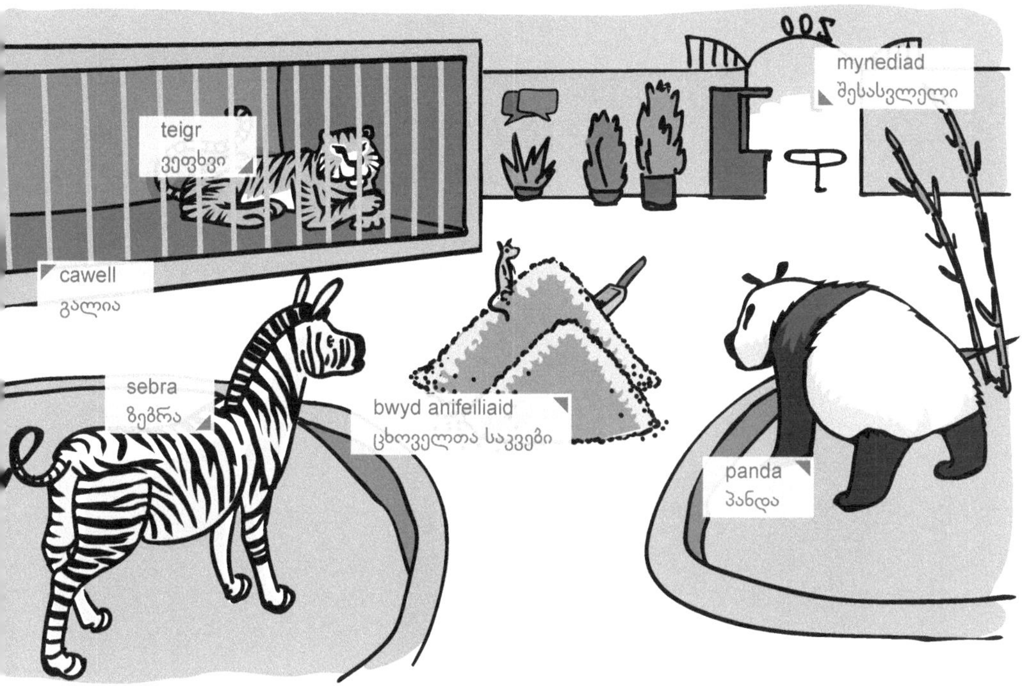

anifeiliaid

ცხოველები

eliffant

სპილო

cangarŵ

კენგურუ

rhinoseros

მარტორქა

gorila

გორილა

arth

დათვი

camel

აქლემი

estrys

სირაქლემა

llew

ლომი

mwnci

მაიმუნი

fflamingo

ფლამინგო

parot

თუთიყუში

arth wen

პოლარული დათვი

pengwin

პინგვინი

siarc

ზვიგენი

paun

ფარშევანგი

neidr

გველი

crocodeil

ნიანგი

gofalwr sŵ

ზოოპარკის მფლობელი

morlo

სელაპი

jagwar

იაგუარი

merlyn

....

პონი

llewpard

....

ლეოპარდი

hipo

....

ბეჰემოტი

jiráff

....

ჟირაფი

eryr

....

არწივი

baedd

....

ტახი

pysgodyn

....

თევზი

crwban

....

კუ

walrws

....

მორჟი

llwynog

....

მელა

gafrewig

....

გაზელი

chwaraeon
სპორტი

pêl-droed America
ამერიკული ფეხბურთი
beicio
ველოსპორტი
tennis
ჩოგბურთი
pêl-fasged
კალათბურთი
nofio
ცურვა
bocsio
კრივი
hoci iâ
ყინულის ჰოკეი

pêl-droed

ფეხბურთი

badminton

ბადმინტონი

athletau

მძლეოსნობა

pêl-law

ხელბურთი

sgïo

სათხილამურო სპორტი

polo

წყლის პოლო

gweithgareddau
მოქმედებები

neidio
გადახტომა
cofleidio
ჩახუტება
chwerthin
დაცინვა
cerdded
სეირნობა
canu
სიმღერა
breuddwydio
ოცნებობა
gweddïo
ლოცვა
cusanu
კოცნა

ysgrifennu

წერა

tynnu

დახატვა

dangos

ჩვენება

gwthio

დაჭერა

rhoi

მიცემა

cymryd

აღება

bod gan
ქონა

gwneud
კეთება

bod
ყოფნა

sefyll
დგომა

rhedeg
გარბენა

tynnu
მოქაჩვა

taflu
გადაყრა

disgyn
დაცემა

gorwedd
ტყუილის თქმა

aros
მოცდენა

cario
ტარება

eistedd
ჯდომა

gwisgo amdanoch
ჩაცმა

cysgu
ძილი

deffro
გაღვიძება

edrych ar

დათვალიერება

crïo

ტირილი

anwesu

გაუთოება

cribo

დავარცხნა

siarad

ლაპარაკი

deall

გაგება

gofyn

შეკითხვა

gwrando

მოსმენა

yfed

დალევა

bwyta

ჭამა

tacluso

დალაგება

caru

ყვარება

coginio

კერძების მზადება

gyrru

სვლა

hedfan

ფრენა

hwylio

აფრის ქვეშ სიარული

cyfrifo

გამოთვლა

darllen

წაკითხვა

dysgu

შესწავლა

gweithio

მუშაობა

priodi

ქორწინება

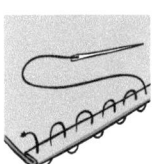

gwnïo

კერვა

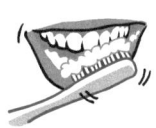

brwsio dannedd

კბილების ხეხვა

lladd

მოკვლა

ysmygu

მოწევა

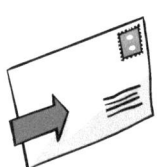

anfon

გაგზავნა

teulu
ოჯახი

nain
ბებია
taid
ბაბუა
tad
მამა
mam
დედა
baban
ბავშვი
merch
ქალიშვილი
mab
ვაჟიშვილი

gwestai
სტუმარი

modryb
დეიდა

ewythr
ბიძა

brawd
ძმა

chwaer
და

corff

სხეული

talcen
შუბლი
llygad
თვალი
ysgwydd
მხარი
bys
თითი
wyneb
სახე
gên
ნიკაპი
llaw
ხელი
coes
ფეხი
bron
მკერდი
braich
მკლავი

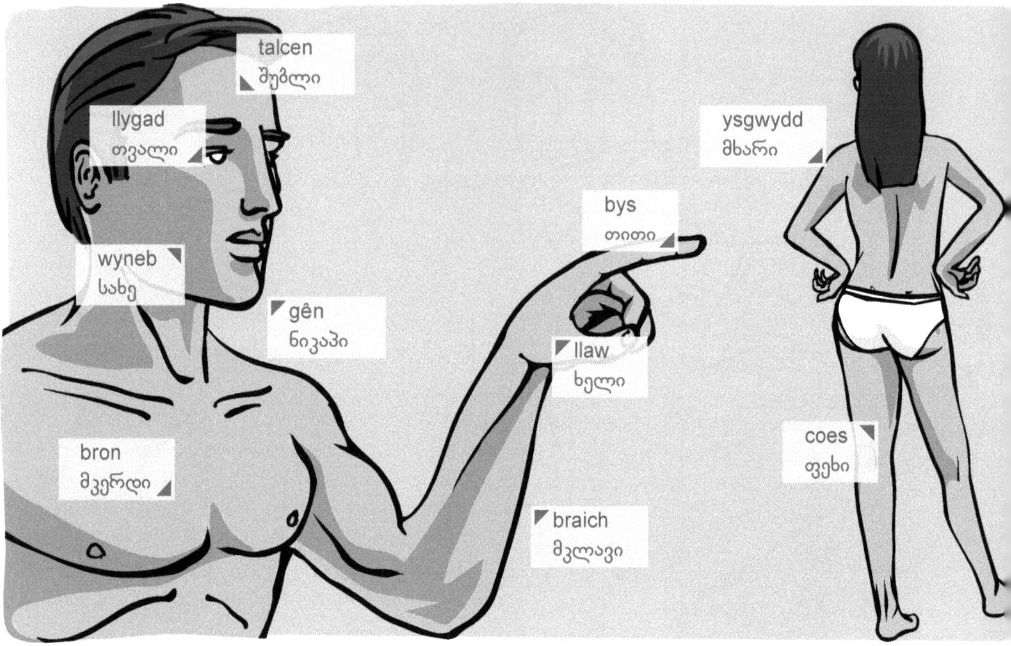

baban
ბავშვი

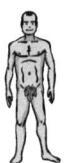

dyn
კაცი

gwraig
ქალი

geneth
გოგო

bachgen
ბიჭი

pen
თავი

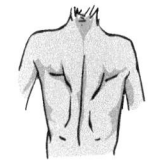

cefn

ზურგი

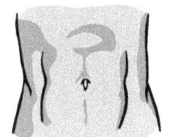

bel

მუცელი

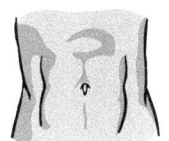

bogail

ჭიპი

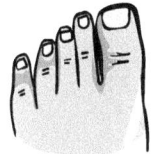

bys troed

ფეხის თითი

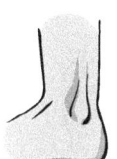

sawdl

ქუსლი

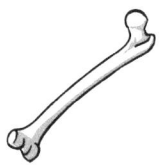

asgwrn

ძვალი

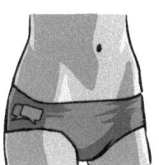

clun

ბარძაყი

pen-glin

მუხლი

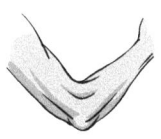

penelin

იდაყვი

trwyn

ცხვირი

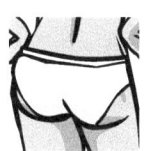

pen ôl

დუნდულა

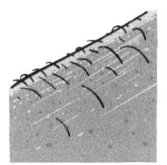

croen

კანი

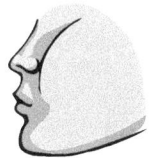

boch

ლოყა

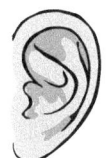

clust

ყური

gwefus

ტუჩი

ceg

პირი

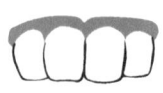

dant

კბილი

tafod

ენა

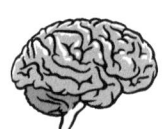

ymennydd

ტვინი

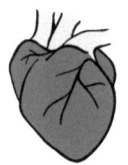

calon

გული

cyhyr

კუნთი

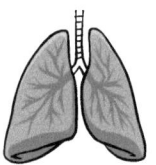

ysgyfaint

ფილტვი

iau

ღვიძლი

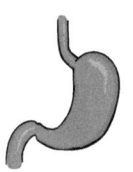

stumog

კუჭი

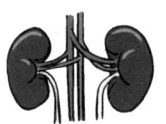

arennau

თირკმელები

rhyw

სექსი

condom

პრეზერვატივი

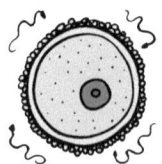

ofwm

კვერცხუჯრედი

semen

სპერმა

beichiogrwydd

ორსულობა

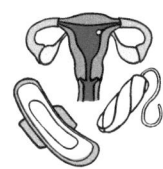

mislif

მენსტრუაცია

fagina

საშო

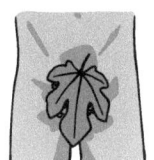

pidyn

პენისი

ael

წარბი

gwallt

თმა

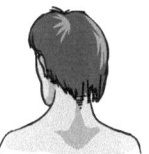

gwddf

კისერი

ysbyty
საავადმყოფო

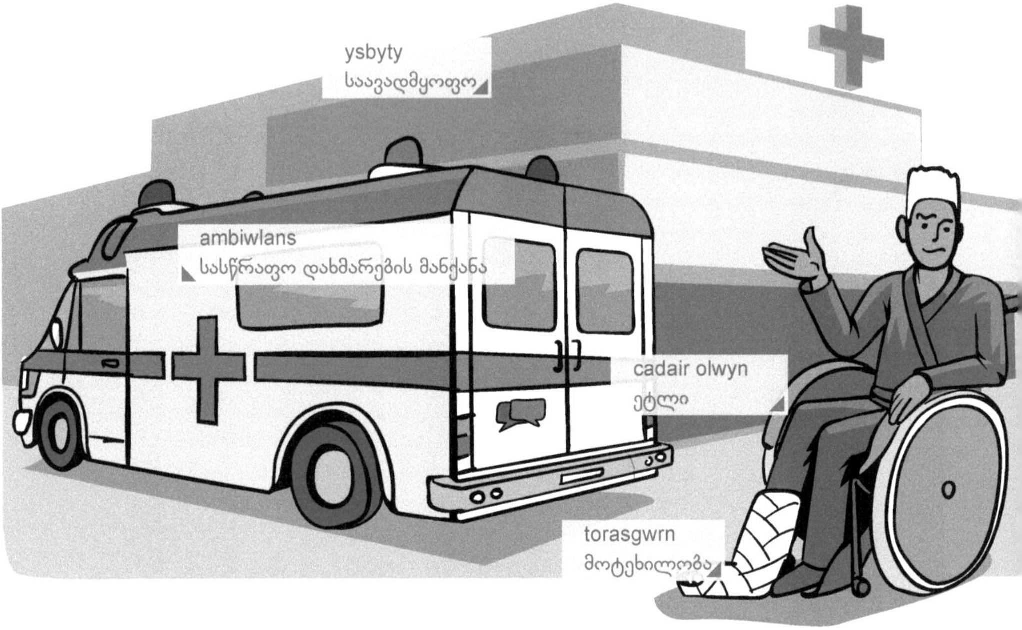

ysbyty
საავადმყოფო
ambiwlans
სასწრაფო დახმარების მანქანა
cadair olwyn
ეტლი
torasgwrn
მოტეხილობა

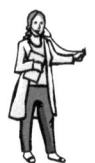

meddyg

ექიმი

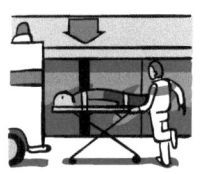

ystafell argyfwng

პირველი დახმარების ოთახი

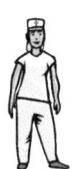

nyrs

მედდა

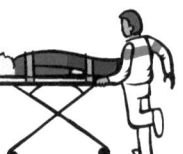

argyfwng

გადაუდებელი შემთხვევა

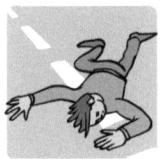

anymwybodol

უგონოდ მყოფი

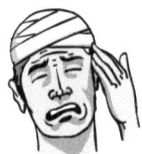

poen

ტკივილი

anaf

დაზიანება

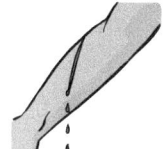

gwaedu

სისხლდენა

trawiad ar y galon

გულის შეტევა

strôc

ინსულტი

alergedd

ალერგია

peswch

ხველა

twymyn

ცხელება

ffliw

გრიპი

dolur rhydd

დიარეა

cur pen

თავის ტკივილი

canser

კიბო

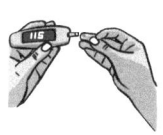

diabetes

დიაბეტი

llawfeddyg

ქირურგი

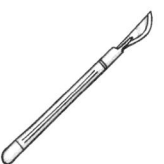

fflaim

სკალპელი

gweithrediad

ოპერაცია

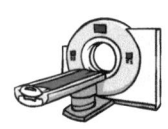

CT

კტ

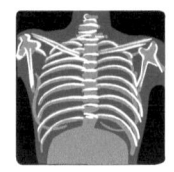

pelydr-x

რენტგენი

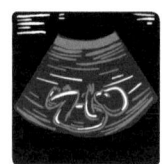

uwchsain

ულტრაბგერა

mwgwd wyneb

ნიღაბი

clefyd

დაავადება

ystafell aros

მოსაცდელი ოთახი

bagl

ყავარჯენი

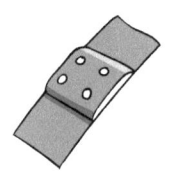

plastr

თაბაშირი

rhwymyn

ბინტი

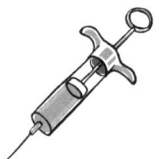

pigiad

ინექცია

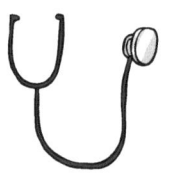

stethosgop

სტეტოსკოპი

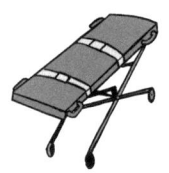

elorwely

საკაცე

thermomedr clinigol

თერმომეტრი

genedigaeth

დაბადება

dros bwysau

ჭარბი წონა

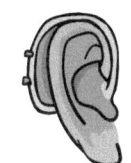

cymorth clyw

სმენის აპარატი

diheintydd

სადეზინფექციო საშუალება

haint

ინფექცია

firws

ვირუსი

HIV / AIDS

აივ / შიდსი

meddygaeth

წამალი

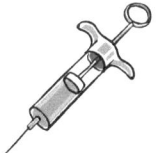

brechiad

ვაქცინაცია

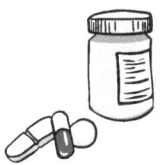

tabledi

ტაბლეტები

y bilsen

აბი

galwad frys

დაუდებელი გამოძახება

monitor pwysau gwaed

წნევის საზომი აპარატი

yn sâl / yn iach

ავადმყოფი / ჯანმრთელი

argyfwng
გადაუდებელი შემთხვევა

Help!

დამეხმარეთ!

larwm

განგაში

ymosodiad

თავდასხმა

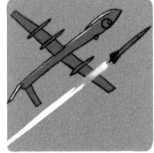

ymosodiad

შეტევა

perygl

საფრთხე

allanfa argyfwng

სათადარიგო გასასვლელი

Tân!

ხანძარი!

diffoddwr tân

ცეცხლსაქრობი

damwain

უბედური შემთხვევა

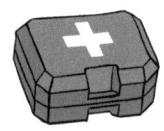

pecyn cymorth cyntaf

პირველადი დახმარების აფთიაქი

SOS

SOS

heddlu

პოლიცია

y Ddaear
დედამიწა

Ewrop

ევროპა

Gogledd America

ჩრდილოეთ ამერიკა

De America

სამხრეთ ამერიკა

Affrica

აფრიკა

Asia

აზია

Awstralia

ავსტრალია

Iwerydd

ატლანტიკა

y Môr Tawel

წყნარი ოკეანე

Cefnfor yr India

ინდოეთის ოკეანე

Cefnfor yr Antarctig

ანტარქტიკის ოკეანე

Cefnfor yr Arctig

ჩრდილოეთის ყინულოვანი ოკეანე

Pegwn y Gogledd

ჩრდილოეთ პოლუსი

Pegwn y De

სამხრეთ პოლუსი

Antarctica

ანტარქტიდა

y Ddaear

დედამიწა

tir

ხმელეთი

môr

ზღვა

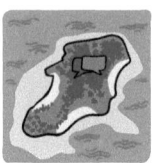

ynys

კუნძული

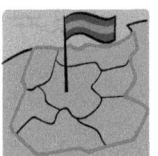

cenedl

ერი

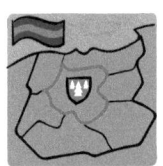

gwladwriaeth

სახელმწიფო

cloc
საათი

wyneb cloc

ციფერბლატი

bys awr

საათების ისარი

bys munud

წუთების ისარი

bys eiliad

წამების ისარი

Faint o'r gloch yw hi?

რომელი საათია?

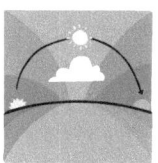

dydd

დღე

amser

დრო

yn awr

ახლა

cloc digidol

ციფრული საათი

munud

წუთი

awr

საათი

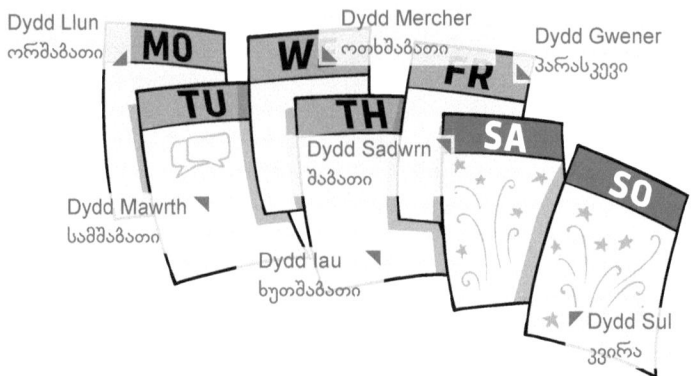

Dydd Llun
ორშაბათი

Dydd Mercher
ოთხშაბათი

Dydd Gwener
პარასკევი

Dydd Sadwrn
შაბათი

Dydd Mawrth
სამშაბათი

Dydd Iau
ხუთშაბათი

Dydd Sul
კვირა

ddoe

გუშინ

heddiw

დღეს

yfory

ხვალ

bore

დილა

canol dydd

შუადღე

noswaith

საღამო

diwrnodiau busnes

სამუშაო დღეები

penwythnos

შაბათი-კვირა

glaw
წვიმა

enfys
ცისარტყელა

eira
თოვლი

gwynt
ქარი

gwanwyn
გაზაფხული

hydref
შემოდგომა

haf
ზაფხული

gaeaf
ზამთარი

4.APRIL	11°	☀
5.APRIL	4°	⛅
6.APRIL	13°	⛅
7.APRIL	8°	❄
8.APRIL	10°	☀

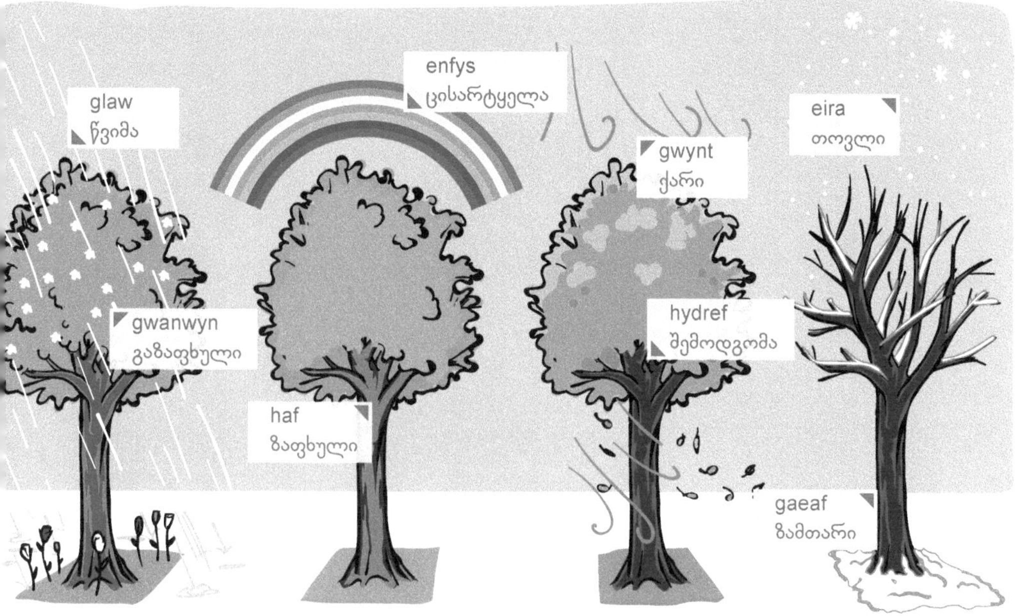

rhagolygon y tywydd

ამინდის პროგნოზი

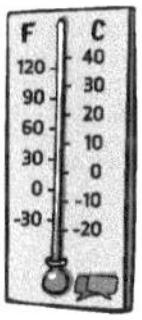

thermomedr

თერმომეტრი

heulwen

მზის სხივი

cwmwl

ღრუბელი

niwl tew

ნისლი

lleithder

ტენიანობა

mellt

ელვა

taranau

ქუხილი

storm

შტორმი

cenllysg

სეტყვა

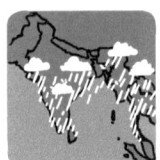

monsŵn

მუსონი

llif

წყალდიდობა

iâ

ყინული

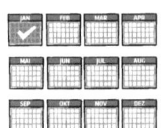

Ionawr

იანვარი

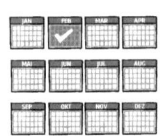

Chwefror

თებერვალი

Mawrth

მარტი

Ebrill

აპრილი

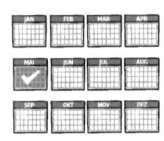

Mai

მაისი

Mehefin

ივნისი

Gorffennaf

ივლისი

Awst

აგვისტო

blwyddyn - წელი

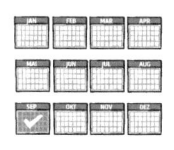

Medi

სექტემბერი

Hydref

ოქტომბერი

Tachwedd

ნოემბერი

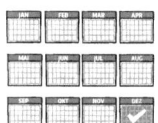

Rhagfyr

დეკემბერი

siapiau
ფორმები

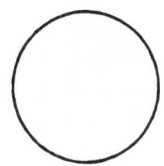

cylch

წრე

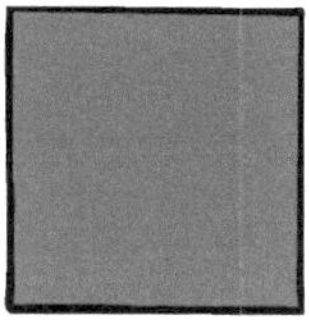

sgwâr

კვადრატი

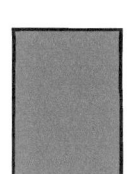

petryal

მართკუთხედი

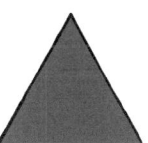

triongl

სამკუთხედი

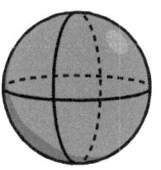

sffêr

სფერო

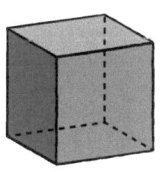

ciwb

კუბი

lliwiau

ფერები

gwyn

თეთრი

melyn

ყვითელი

oren

ნარინჯისფერი

pinc

ვარდისფერი

coch

წითელი

porffor

იისფერი

glas

ცისფერი

gwyrdd

მწვანე

brown

ყავისფერი

llwyd

ნაცრისფერი

du

შავი

cyferbyniadau
საპირისპიროები

llawer / ychydig

ბევრი / ცოტა

dig / tawel

გაბრაზებული / მშვიდი

hardd / hyll

ლამაზი / მახინჯი

dechrau / diwedd

დასაწყისი / დასასრული

mawr / bach

დიდი / პატარა

llachar / tywyll

ნათელი / მუქი

brawd / chwaer

ძმა / და

glân / budr

სუფთა / ჭუჭყიანი

gyflawn / anghyflawn

სრული / არასრული

dydd / nos

დღე / ღამე

farw / yn fyw

მკვდარი / ცოცხალი

eang / cul

განიერი / ვიწრო

bwytadwy / anfwytadwy

საჭმელად ვარგისი / საჭმელად უვარგისი

drwg / caredig

ბოროტი / კეთილი

llawn cyffro / diflasu

შთამბეჭდავი / მოსაწყენი

tew / tenau

სქელი / თხელი

cyntaf / olaf

პირველი / ბოლო

cyfaill / gelyn

მეგობარი / მტერი

llawn / gwag

სრული / ცარიელი

caled / meddal

მყარი / რბილი

trwm / ysgafn

მძიმე / მსუბუქი

wedi newynnu / yn sychedig

მოშიებული / მწყურვალე

yn sâl / yn iach

ავადმყოფი / ჯანმრთელი

anghyfreithlon / cyfreithiol

არალეგალური / ლეგალური

deallus / twp

ინტელექტუალი / სულელი

chwith / dde

მარცხენა / მარჯვენა

agos / pell

ახლოს / შორს

ewydd / wedi'i ddefnyddio

ახალი / გამოყენებული

dim / rhywbeth

არაფერი / რაღაცა

hen / ifanc

მოხუცი / ახალგაზრდა

ymlaen / i ffwrdd

ჩართვა / გამორთვა

ar agor / ar gau

ღია / დახურული

tawel / uchel

ჩუმი / ხმამაღალი

cyfoethog / tlawd

მდიდარი / ღარიბი

cywir / anghywir

მართალი / მტყუანი

garw / llyfn

უხეში / გლუვი

trist / hapus

სევდიანი / ბედნიერი

byr / hir

მოკლე / გრძელი

araf / cyflym

ნელი / სწრაფი

gwlyb / sych

სველი / მშრალი

cynnes / claear

თბილი / გრილი

rhyfel / heddwch

ომი / მშვიდობა

cyferbyniadau - საპირისპიროები

rhifau
რიცხვები

0	1	2
sero	un	dau
ნული	ერთი	ორი
3	4	5
tri	pedwar	pump
სამი	ოთხი	ხუთი
6	7	8
chwech	saith	wyth
ექვსი	შვიდი	რვა
9	10	11
naw	deg	un deg un
ცხრა	ათი	თერთმეტი

12	13	14
un deg dau	un deg tri	un deg pedwar
თორმეტი	ცამეტი	თოთხმეტი
15	16	17
un deg pump	un deg chwech	un deg saith
თხუთმეტი	თექვსმეტი	ჩვიდმეტი
18	19	20
un deg wyth	un deg naw	dau ddeg
თვრამეტი	ცხრამეტი	ოცი
100	1.000	1.000.000
cant	mil	miliwn
ასი	ათასი	მილიონი

ieithoedd
ენები

Saesneg
ინგლისური

Saesneg America
ამერიკული ინგლისური

Tsieinëeg Mandarin
ჩინური მანდარინი

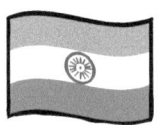

Hindi
ჰინდი

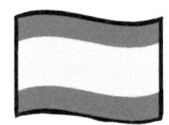

Sbaeneg
ესპანური

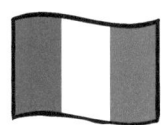

Ffrangeg
ფრანგული

Arabeg
არაბული

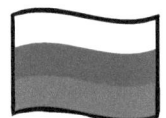

Rwseg
რუსული

Portiwgaleg
პორტუგალიური

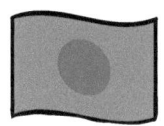

Bengali
ბენგალური

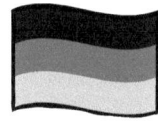

Almaeneg
გერმანული

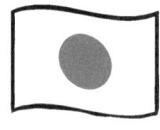

Siapanaeg
იაპონური

fi

მე

ti

შენ

ef / hi

ის / ის / იგი

ni

ჩვენ

chi

თქვენ

nhw

ისინი

pwy?

ვინ?

beth?

რა?

sut?

როგორ?

ble?

სად?

pryd?

როდის?

enw

სახელი

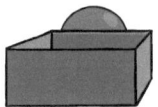

ble

სად

y tu ôl i

უკან

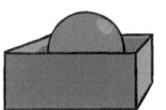

yn / yng / ym / mewn

შიგნით

o flaen

წინ

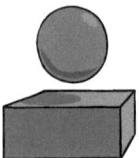

dros

ზედ

ar

=-ზე

dan

ქვეშ

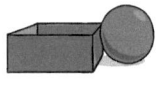

wrth ochr

გვერდით

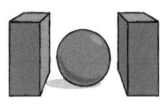

rhwng

შორის

lle

ადგილი